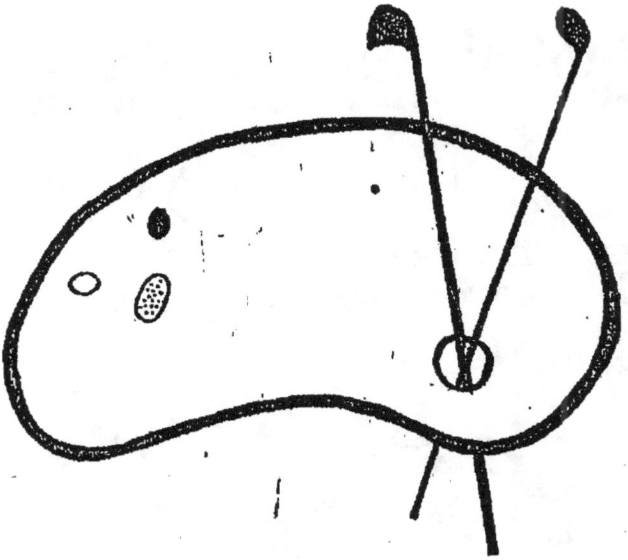

DEBUT D'UNE SERIE DE DOCUMENTS
EN COULEUR

SCIENCE ET RELIGION
Etudes pour le temps présent

181

Le Catholicisme en Écosse

8232

PAR

G. LECARPENTIER

Licencié-ès-lettres, Diplômé d'études supérieures d'histoire

PARIS

LIBRAIRIE BLOUD & Cie

4, RUE MADAME ET RUE DE RENNES, 59

1905

SCIENCE ET RELIGION

Études pour le temps présent. — Prix 0 fr. 60 le vol.

Illisibilité partielle

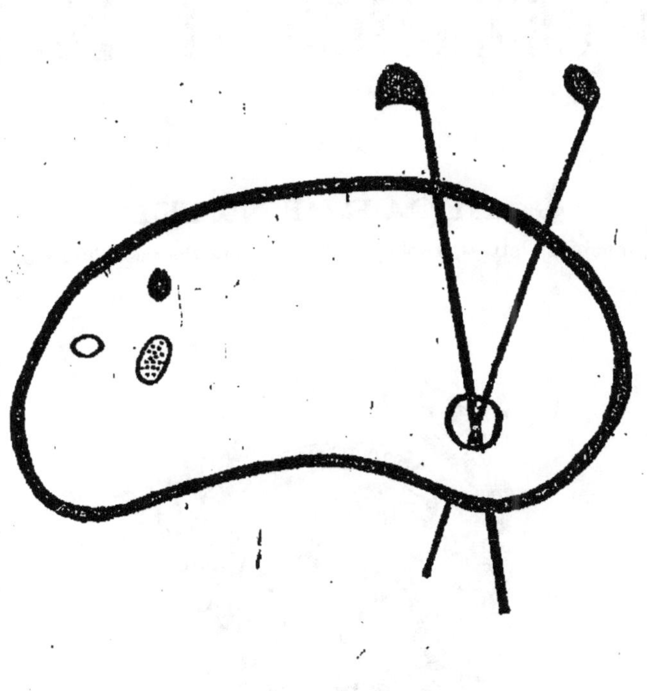

**FIN D'UNE SERIE DE DOCUMENTS
EN COULEUR**

SCIENCE ET RELIGION
Etudes pour le temps présent

Le Catholicisme en Écosse

PAR

G. LECARPENTIER

Licencié ès-lettres, Diplômé d'études supérieures d'histoire

PARIS

LIBRAIRIE BLOUD & Cie

4, RUE MADAME ET RUE DE RENNES, 59

—

1905

DANS LA MÊME COLLECTION

PRÉFACE

La Collection *Science et Religion* a déjà con-
cacré quatre volumes à l'histoire religieuse des
Iles Britanniques ; trois d'entre eux parus sous
les numéros 98, 99 et 100 concernent l'Angleterre, un, le numéro 267, l'Irlande. La série se
complète aujourd'hui par un cinquième opuscule
qui a pour sujet l'Ecosse.

Comme dans les deux autres parties du
Royaume-Uni le Catholicisme a subi en Ecosse
une longue persécution qui fut quelque temps
sanglante, mais les causes qui l'ont provoquée
sont toutes différentes de celles qui ont amené la
persécution des catholiques en Irlande et en Angleterre.

Les résultats de la réforme écossaise ne res-
semblent presque en rien à ceux de la réforme
anglaise. Les conceptions religieuses des Presbytériens contredisent celles des Anglicans. L'histoire du catholicisme en Ecosse mérite donc une
étude spéciale.

Cette brochure n'a d'ailleurs pas la prétention d'être une œuvre originale. L'auteur a simplement voulu mettre à la portée du grand public qui s'intéresse aux questions religieuses le résumé de l'ouvrage du chanoine Bellesheim traduit en anglais par Oswald Hunter Blair en quatre volumes chez Blackwood and sons, Edimbourg et Londres, sous le titre de *History of the catholic church of Scotland.*

Il y a ajouté en appendice quelques renseignements sur les différentes sectes protestantes écossaises.

L'Etude est divisée en trois parties :

Le Catholicisme des débuts à la Réforme ;

Depuis la Réforme jusqu'au rétablissement de la Hiérarchie.

L'organisation actuelle du catholicisme.

En voyant les persécutions dont leur religion a triomphé jadis en Ecosse, les catholiques de nos jours comprendront que les persécutions opérées par les *voies légales* ne sont pas plus à redouter que les persécutions sanglantes.

G. L.

Engelberg en Unterwald

Juillet 1904.

LE CATHOLICISME EN ÉCOSSE

PREMIÈRE PARTIE

—

DES ORIGINES A LA RÉFORME

On suppose, mais on n'en a pas de preuve indiscutable, que le christianisme fut introduit en Grande-Bretagne dès le premier siècle de notre ère et pénétra jusqu'en Écosse. Cette supposition est fondée sur un texte de Tertullien affirmant qu' « une partie de la grande île qui n'était pas soumise aux Romains l'était au Christ ; » comme la domination romaine s'étendait jusqu'au mur d'Hadrien sur les frontières de l'Écosse la région soumise au Christ sans l'être aux Romains devait donc être l'Écosse ; malheureusement aucun témoignage précis ne vient corroborer l'affirmation du célèbre apologiste.

Mais il est certain qu'au IIIe siècle la Grande-Bretagne était chrétienne du moins en partie car la persécution de Dioclétien s'y fit sentir ; nous possédons les noms de quelques-uns des confesseurs qui moururent pour la foi : Arron, Julius et saint Alban. Au début du IVe siècle deux évêques bretons assistaient au concile d'Arles (314).

Le premier missionnaire de l'Écosse dont l'existence soit certaine est Saint-Ninian. Fils d'un chef de clan des Pictes de Galloway (1) il naquit vers 360 et vint à Rome au temps de saint Damase. Consacré évêque par le pape saint Sirice, successeur de saint Damase, il retourna dans sa patrie et évangélisa d'abord ses compatriotes ; il convertit ensuite les clans qui habitaient entre le Forth et les Grampians. Il établit en même temps un grand nombre de monastères où beaucoup d'Irlandais vinrent étudier. Après sa mort (432) le catholicisme tomba dans une décadence profonde ; presque tous les nouveaux convertis ou du moins leurs enfants retournèrent au paganisme ; saint Patrick parle formellement de leur apostasie. L'Ecosse ne commença à redevenir chrétienne que cent cinquante ans plus tard environ. Le grand apôtre qui ramena à la foi les Ecossais du

______

(1) S. O. de l'Ecosse.

sud et convertit les Ecossais du nord fut un Irlandais, saint Columba.

Saint Columba était né dans le Donegal au nord-ouest de l'Irlande le 7 décembre 521. Il descendait par son père d'une famille royale et par sa mère d'une famille princière de Leinster. A peine âgé de 25 ans il fondait le monastère de Derry et sept ans plus tard celui de Durrow ; c'est seulement à l'âge de 41 ans qu'avec 12 compagnons il quitta l'Irlande pour l'Ecosse. Il séjourna d'abord deux ans dans l'île d'Iona. En 565 il convertissait le chef des Pictes du Nord établi près d'Inverness et fondait dans cette région un grand nombre de colonies chrétiennes et de monastères. Il mourut en 597.

Le plus célèbre des monastères fondés par lui fut celui d'Iona qui jusqu'au VIII° siècle dirigea la catholicité écossaise. L'abbé d'Iona quoique n'étant pas revêtu du caractère épiscopal exerçait sa juridiction sur un grand nombre d'églises tant d'Ecosse que d'Irlande. Suivant un usage irlandais qui se perpétua jusqu'en 716, on choisissait pour abbé un parent de l'abbé défunt. Le royaume de Northumbrie qui dépendait alors de l'Ecosse fut converti au catholicisme vers 634 par un moine d'Iona saint Ardan. Le Lothian fut converti également au VII° siècle par saint Cuthbert, abbé de Melrose. saint Kentigern avait converti au siècle précédent la région comprise entre la Clyde et la Derwent.

L'Ecosse n'était pas encore convertie tout entière que déjà le schisme s'y faisait sentir. Il éclata parmi les moines d'Iona en 704 à propos d'une question rituelle ; la date de Pâques. Les uns tenaient pour la date traditionnelle dans les pays celtiques, les autres accéptaient la date fixée par Rome.

Il fallut pour mettre un terme à cette dispute interminable qu'un roi se décidât en 716 à chasser d'Iona les partisans de la Pâque celtique. Le schisme se réfugia dans un certain nombre de monastères de moindre importance où il se maintint longtemps encore. Le grand monastère perdit dès lors sa suprématie sur la catholicité écossaise ; une seconde période s'ouvrit en 716 pour le catholicisme en Ecosse, celle des *Culdees* et du clergé séculier.

Les Culdees ou Deicolæ étaient des moines ermites. Ils furent introduits en Ecosse au VIIIe siècle par saint Servanus, au siècle suivant ils adoptèrent la vie conventuelle et partagèrent le service du culte avec le clergé séculier qui fit son apparition à la même époque. Ce clergé possédait-il réellement le caractère sacerdotal ? Le concile de Châlons-sur-Saône en 813 et en 816 celui de Celchyth en Angleterre émirent des doutes très graves sur la validité du caractère sacerdotal des prêtres écossais parce qu'ils avaient été ordonnés par des abbés et moines évêques dont le caractère épiscopal lui-même paraissait douteux. C'était là scrupules et soucis dont s'embarrassa peu le roi Kenneth Mac Alpine : en 850 il rétabli le clergé de Saint-Columba dont la destruction d'Iona en 806 par les Danois n'avait presque rien laissé subsister et il fit du monastère de Dunkeld le siège primatial de l'église d'Ecosse. Mais cette suprématie de Dunkeld semble avoir peu duré; Abernethy paraît avoir supplanté Dunkeld dès 863.

Les IX° et X° siècles sont des périodes très obscures dans l'histoire de l'église catholique d'Ecosse ; nous savons seulement que les biens d'église furent exemptés de l'impôt à la fin du IX° siècle vers 880 et qu'au milieu du siècle suivant les laïques commencèrent à usurper les biens des abbayes. La condition du clergé séculier était tout aussi déplorable ; la dissolution des mœurs y était grande; le concubinage n'était pas rare et les bénéfices étaient devenus héréditaires. Le seul événement heureux de cette époque est la conversion du comte des Orcades qui se produisit vers l'an 1000.

La situation religieuse ne s'améliora qu'à la fin du XI° siècle.

En 1069 le roi Malcolm III épousa à Dunfer-mline une nièce d'Edouard le Confesseur, roi d'Angleterre, la princesse Marguerite, qui prit à cœur la réforme du clergé et s'efforça de faire renoncer l'église d'Ecosse à certains rites et à certains usages qui différaient des usages et des rites de l'église romaine. Elle provoqua dans ce but la réunion d'un concile écossais qui accomplit entre autres réformes les suivantes : le commencement du carême fut ramené du lundi de la quadragésime au mercredi des cendres ; — l'usage de la communion pascale qui s'était perdu fut rétabli ; — le latin prit dans la célébration de la messe la place de la langue celtique ; — les fidèles furent rappelés au respect du repos dominical tombé en désuétude et remplacé en Ecosse par le repos du samedi ; — le mariage entre beaux-frères et entre beaux-parents fut désormais prohibé.

La pieuse reine Marguerite contribua aussi à développer le pèlerinage de Saint-Andrew's et restaura le monastère d'Iona. Elle mourut ainsi que son époux en 1093 et fut canonisée en 1250. Elle avait put voir avant de mourir le début de la longue et triste lutte des archevêques d'York qui réclamèrent durant plusieurs siècles la juridiction des diocèses écossais en dépit de l'opinion et du gouvernement.

La première circonstance solennelle dans laquelle un archevêque d'York revendiqua cette prétendue suprématie fut le concile de Windsor de 1072.

La prétention était dangereuse pour le maintien de l'indépendance du royaume d'Ecosse d'autant plus que les *borders* et les *lowlands* étaient sur les entrefaites envahis par un grand nombre de Saxons qui fuyaient devant Guillaume le Conquérant.

Déjà un danger analogue menaçait l'Ecosse par le nord : dès 1055, l'archevêque de Brème avait envoyé un évêque aux Orcades. Le catholicisme continuait à se développer dans ces îles : en 1064, le comte Thorfinn, fils de Sigurd, qui s'était converti en l'an 1000, mourut à Bersay où il avait fondé une église. Son petit-fils Magnus — saint Magnus — était assassiné ; trente-quatre ans plus tard son neveu Ronald commençait à Kirkwall une superbe cathédrale romane qu'il dédia à la mémoire de son oncle et qui existe encore aujourd'hui transformée en église presbytérienne.

L'archevêque d'York et l'archevêque de Brème se disputèrent la suprématie du siège des Orcades jusqu'au jour où ces îles conquises par la Norvège, leur évêque devint suffragant de l'archevêque de Drontheim.

Les prétentions des archevêques d'Angleterre et d'Allemagne étaient d'autant plus redoutables que l'église catholique d'Ecosse était totalement dépourvue de hiérarchie. Depuis le jour où le clergé de Saint-Columba avait cessé d'exercer le ministère sacerdotal. Les culdees et le clergé séculier avaient exercé ce ministère tant bien que mal, un peu au hasard. Le roi Alexandre I eut le grand mérite de comprendre le danger et d'y remédier en organisant dans son royaume le système de la hiérarchie romaine des paroisses et des diocèses. Dès son avènement (début du XIIe siècle) il entreprit cette œuvre et la mena à bien. Il commença par nommer évêque de Saint-Andrew's un homme énergique Turgot. L'archevêque d'York protesta, le roi ne tint nul compte de ses protestations et manifesta publiquement son intention de soustraire les évêques d'Ecosse à la suprématie d'un archevêque étranger. Bientôt après il restaura l'évêché de Dunkeld et créa un évêque de Moray avec résidence à Elgin. Puis pour remplacer les Culdees il introduisit en Ecosse des moines appartenant aux grands ordres religieux, tout d'abord en 1115 les chanoines réguliers de Saint-Augustin, célèbres dans l'histoire religieuse de l'Ecosse sous le nom de *moines noirs, black friars*; il les établit dans l'église de Scone pour commencer, puis dans divers autres endroits. Deux ans plus tôt les Bénédictins s'étaient établis à Selkirk. En 1119 le monastère de Deer qui avait conservé les coutumes et usages celtiques fut remis aux Sisterciens. Le même roi en 1115 rétablit l'évêché de Glasgow, ce qui suscita de nouvelles récriminations de l'archevêque d'York.

En 1124, Alexandre mourait et son frère lui succédait sous le nom de David Ier. L'année suivante un concile d'évêques écossais se tint à Roxburg et, l'Ecosse n'ayant pas d'archevêque, fut présidé par un légat du pape.

Pendant cent ans l'histoire religieuse de l'Ecosse se borne presque uniquement à des fondations d'abbayes et de diocèses. En 1128, fondation de l'évêché de Ross, puis bientôt après celle de l'évêché d'Aberdeen. Puis successivement s'établissent l'abbaye d'Holyrood près d'Edimbourg en 1128, l'abbaye de Melrose 1136, de New-Cattle 1140, de Dundremman 1142 que se partageaient à peu près également les Bénédictins et les Sisterciens.

Quand David mourut en 1153 l'Ecosse était divisée en dix évêchés (1) dont un, Candida Casa, était soumis à l'archevêque d'York, mais dont les neufs autres relevaient directement du Saint-Siège. Les cathédrales étaient pourvues de cha-

_____

(1) Liste des évêchés : Saint-Andrew's (8 doyennés ruraux) ; Glasgow (9 d. r.) ; Aberdeen (5 d. r.) ; Moray (4 d. r.) ; Dunkeld (4 d. r.) ; Ross ; Caithness ; Brechin ; Dumblane ; Candida Casa.

pitres qui avaient le droit d'élire l'évêque. Ces chapitres se composaient d'un doyen, d'un ou deux archidiacres, d'un chancelier, d'un précenteur, d'un trésorier et de membres ordinaires. Le chapitre de Saint-Andrew's était composé de moines Augustins ; une bulle papale en 1117 avait enlevé aux Culdees le droit d'élire l'évêque de ce diocèse.

Sous le petit-fils et successeur de David, Malcolm IV, de nouveaux monastères furent fondés parmi lesquels le plus célèbre fut celui de Paisley qui dépendait de l'abbaye de Cluny.

Guillaume Lion son frère qui lui succéda en 1165, ayant été vaincu et fait prisonnier par les Anglais, reconnut en 1174 par le traité de Falaise la suprématie du roi d'Angleterre et voulut engager l'église catholique d'Ecosse à se soumettre à l'archevêque d'York. Mais les évêques d'Ecosse avec l'approbation du pape résistèrent (1176) (1). Trois ans plus tard, lors du troisième concile de Latran, défense fut faite aux évêques Gallois et Ecossais de faire les ordinations sacerdotales à d'autres époques que les quatre temps.

En 1180 un grave conflit s'éleva à propos de l'élection de l'évêque de Saint-Andrews entre le

____

(1) En 1178 fut fondée l'abbaye bénédictine d'Arbroath.

candidat élu par le chapitre et celui qui avait été choisi par le roi. Le roi expulsa le candidat du chapitre qui en appela à Rome et l'Ecosse fut mise en interdit. L'affaire s'arrangea puis bientôt après recommença de nouveau pour ne se terminer définitivement qu'en 1188. Ce fut également en cette même année que prit fin la querelle de l'Ecosse catholique et de l'archevêque d'York ; par la bulle *Cum universi* le pape reconnut à l'église catholique d'Ecosse toute indépendance vis-à-vis des archevêques anglais et déclara que seul un légat *a latere* pourrait exercer en Ecosse l'office de légat. Par deux fois en 1208 et en 1218 cette bulle fut confirmée.

Au début du xiii° siècle en 1201 et en 1206, deux conciles se tinrent successivement à Perth, le premier suspendit pour les prêtres ordonnés le dimanche le pouvoir de célébrer la messe, le second avait pour but d'encourager les Ecossais à prendre part à la croisade. Ce fut à peu près à la même époque que le monastère d'Iona, nouvellement restauré, passa entre les mains des Bénédictins et que la partie celtique du siège de Dunkeld en fut détachée et forma un diocèse spécial celui d'Argyle.

Les Dominicains et les Franciscains parurent pour la première fois en Ecosse sous le règne d'Alexandre II, mais les premiers jusqu'en 1429, les seconds jusqu'en 1329 dépendirent de leurs *provinciaux* anglais. Du vivant du même roi, Reginald lord des îles devint feudataire direct du pape et en 1222 l'évêque de Caithness qui pressurait le peuple de son diocèse fut assassiné.

Les trois événements principaux du règne d'Alexandre III (1249-1286) au point de vue de l'histoire religieuse sont les suivants : la conquête des Hébrides sous réserve de la primauté de l'archevêque de Dronthiem, — la canonisation de la reine Marguerite d'Ecosse ; — une taxation sur nouvelle évaluation des biens ecclésiastiques connue dans l'histoire sous le nom de *verus valor* ; cette évaluation suscita des protestations nombreuses mais fut néanmoins maintenue jusqu'à la réforme.

Pendant un siècle l'Ecosse, toute occupée à lutter pour son indépendance contre l'Angleterre, s'occupa peu des questions religieuses. Le clergé prit une grande part à cette lutte pour l'indépendance mais adopta en même temps des allures féodales qu'il conserva et qui lui firent dans la suite le plus grand tort.

Robert Bruce, le héros national de l'Ecosse qui délivra sa patrie par la victoire de Bannockburn et devint roi, voulut s'arroger le droit de présenter au pape les candidats aux sièges épiscopaux. Deux conciles, celui de Dundee en 1310, celui de Perth en 1321, protestèrent, le roi fut excommunié et l'excommunication ne fut levée qu'en 1328.

Au début du XIVᵉ siècle, David, évêque de Muray, grand adversaire des Anglais, fonda plusieurs bourses pour ses compatriotes à l'Université de Paris et peut ainsi être considéré comme le fondateur de notre Collège Écossais.

Du XIVᵉ siècle, date la fondation d'un grand nombre d'églises collégiales et aussi la rédaction des célèbres statuts synodiaux de Saint-Andrews. Ces statuts ordonnent la création de registres paroissiaux de décès, — rendent obligatoires la publication des bans avant le mariage et la célébration publique du mariage. Ils rappellent aux recteurs et curés qu'ils sont obligés de résider sur leurs bénéfices, aux prêtres en général qu'ils ne peuvent sans *celebret* dire la messe en dehors de leur diocèse d'origine ni confesser ou administrer les sacrements dans un diocèse étranger sans l'autorisation de l'ordinaire.

Les statuts essayèrent également de mettre un terme à la honteuse simonie qui sévissait alors en Écosse : un grand nombre de prêtres avaient pris l'habitude de dire, moyennant honoraires, plusieurs messes chaque jour. Cette pratique fut sévèrement interdite et dès lors, on infligea aux coupables une lourde amende.

Le port d'une tunique tombant au-dessous des genoux pour la célébration de la messe fut rendu obligatoire.

Il fut aussi sévèrement interdit de livrer à des laïcs les bénéfices ecclésiastiques.

Malgré tous ces efforts la situation religieuse de l'Ecosse ne fit qu'empirer au cours du xvᵉ siècle. Et tout d'abord lors du grand schisme de l'Occident, l'Ecosse prit parti pour l'antipape jusqu'en 1428.

L'hérésie fit sa première apparition dans le royaume aussitôt après la mort de Robert III. Elle fut d'abord publiquement professée et prêchée par un prêtre anglais Jean Resby qui rejetait le sacrement de pénitence et l'autorité du pape. Il fut condamné à être brûlé à Perth en 1407. L'erreur n'en fut d'ailleurs pas arrêtée. En 1425, le Parlement ordonna aux évêques de rechercher dans leurs diocèses les Lollards et autres hérétiques. A la même époque le roi Jacques 1ᵉʳ se plaint amèrement du relâchement des moines.

De nouvelles difficultés s'élevaient entre le parlement et le roi sur la question de la réforme de la juridiction ecclésiastique et le pape consulté envoya pour la résoudre comme légat teneas Piccolomini le futur Pie II.

Vers le milieu du xvᵉ siècle les rois d'Ecosse renoncèrent enfin à l'ancienne coutume qui les faisait hériter des évêques décédés.

La première partie de ce siècle vit également la fondation de la première université écossaise celle de Saint-Andrew's en 1410, reconnue par Benoît XIII en 1414, puis de celle de Glasgow fondée par l'évêque de cette ville en 1450.

L'année 1472 vit la transformation de l'évêché de Saint-Andrew's en archevêché siège métropolitain de toute l'Ecosse qui, jusqu'à cette date, n'en avait pas eu. Sixte IV en créant ce siège archiépiscopal lui soumit les neuf autres évêchés d'Ecosse et même lui rattacha l'évêché de Galloway jusqu'alors suffragant d'York et ceux des Hébrides et des Orcades suffrayants de l'archevêque norvégien de Dronthiem.

Mais, six années seulement après la création de l'archevêché, le premier archevêque Graham était déposé par le pape.

Vingt ans plus tard, en 1492, Glasgow à son tour devenait siège archiépiscopal avec Dunkeld, Dunblane, Galloway et Argyle comme suffragants. Dès lors une sourde rivalité commença entre les deux archevêchés d'Ecosse ; vingt-deux ans après la fondation de l'archevêché de Glasgow, les sièges suffragants de Dunkeld et de Dunblane lui étaient enlevés et faisaient retour à l'archevêché de Saint-Andrew's.

En 1494 l'évêque d'Aberdeen, Elphistone créait

dans sa ville une université qui porte aujourd'hui le nom de King's College.

Au début du XVIe siècle un synode fut convoqué à Saint-Andrew's par l'archevêque Foreman pour redresser par de nouveaux statuts les erreurs déjà condamnées par les précédents statuts. Tant était profonde l'ignorance et la corruption du clergé écossais ! D'autre part le nombre des prieurés et des abbayes croissait de jour en jour.

En 1521, l'archevêque Foreman étant mort, Beaton archevêque de Glasgow et oncle du célèbre cardinal Beaton le remplaçait à Saint-Andrew's.

La réforme protestante continuait cependant à faire de lents mais incessants progrès.

Vingt ans environ après la condamnation de Jean Resby, Paul Crawar était venu de Bohême prêcher la doctrine hussite. A son tour il avait été condamné et brûlé à Saint-Andrew's en 1433. Soixante ans plus tard on avait poursuivi et mis en jugement des Lollards accusés de soutenir les doctrines de Jean Huss et celles de Wyclef, mais ils avaient été acquittés.

A son tour la doctrine Luthérienne fait son apparition en Ecosse vers 1525 avec Patrick Hamilton. Né en 1504, parent du roi, Patrick Hamilton était devenu de bonne heure abbé commandataire de Ferne. Suspect d'opinions hérétiques il s'était retiré sur le continent où il entra en rapports avec Luther, Melanchton et Lambert ; il adhéra publiquement à la nouvelle doctrine puis revint la propager dans sa patrie. Voici quels en étaient les principaux points : chaque vrai chrétien peut se savoir en état de grâce ; la corruption du péché demeure après le baptême ; qui possède une des trois vertus théologales possède les autres ; qui en perd une perd les autres ; Dieu en enlevant la grâce est cause du péché ; la confession auriculaire n'est pas nécessaire ; le purgatoire n'existe pas ; le pape est un antechrist ; chaque prêtre a autant de pouvoir que le pape.

Il fut jugé et brûlé à Saint-Andrew's en 1528. L'hérésie n'en fut point arrêtée. De nouveaux hérésiarques lui succédèrent dont les plus célèbres furent Alexander Aless, Johns, Mac-Alpine, Logie, Richardson, Seaton. Plusieurs furent brûlés de 1530 à 1540.

L'hérésie avait d'ailleurs un puissant appui dans la personne du roi d'Angleterre Henri VIII qui en 1535, s'efforça même de convertir le roi d'Ecosse à la nouvelle doctrine. Mais celui-ci refusa ce qui lui mérita d'obtenir du pape en 1537 le titre de défenseur de la fci. Jacque V épousa d'ailleurs en cette même année la princesse Marguerite de France qui, malheureusement, mourut l'année suivante. Bientôt après il épousait Marie de Guise dont il eut une fille Marie Stuart.

C'est vers le même temps qu'un des plus grands hommes d'état qu'ait jamais possédés l'Ecosse, David Beaton commence à jouer dans l'histoire de son pays un rôle important. David Beaton né en 1494 fit ses études à Saint-Andrew's puis à l'université de Glasgow, ville dont son oncle paternel était alors archevêque. En 1519 il fut envoyé à la cour de France par le roi, revint dans sa patrie en 1525 et siégea au parlement comme abbé d'Arbrooth. Bientôt après il entra au conseil du roi comme lord du sceau privé, retourna en France comme ambassadeur et reçut de François Ier avec des lettres de naturalisation l'évêché de Mirepoix. Il reçut en 1538 la pourpre cardinalice et fut promu en 1539 archevêque de Saint-Andrew's.

Henri VIII d'Angleterre se rendait bien compte que cet homme au caractère énergique serait un obstacle indomptable à ses projets contre le catholicisme et l'indépendance de l'Ecosse aussi s'efforçat-il mais vainement de le perdre dans l'esprit de Jacques V. Le roi d'Angleterre fut réduit à jeter son masque et en 1542 la guerre éclata entre les deux royaumes. La noblesse écossaise au lieu de répondre à l'attente de son roi le trahit et l'armée écossaise fut écrasée à Solway Moss. Jacques V en mourut de douleur laissant pour seule héritière une fille de six ans Marie Stuart.

La régence fut remise aux mains du comte

d'Arran un des chefs de la noblesse favorable à la réforme par haine du clergé. Le parlement autorisa la lecture de l'écriture sainte dans la langue vulgaire et Beaton suspect au régent fut emprisonné. Informé de ces événements, le pape mit le royaume en interdit, ce qui suscita dans le peuple une émotion profonde. Le régent intimidé délivra Beaton qui tout aussitôt convoqua les évêques et fit voter par eux une contribution du clergé pour la défense du royaume.

En 1544, le pape nommait Beaton son légat en Ecosse et une partie de la noblesse, le régent en tête, honteuse du rôle qu'elle avait joué renonça à ses sympathies pour la réforme qui se confondait avec le parti anglais. Henri VIII essaya de se débarrasser de Beaton par l'assassinat mais cette première tentative échoua et l'armée anglaise ne put que saccager la frontière écossaise. Malheureusement la conduite d'un grand nombre de prélats et d'abbés ne faisait que trop sentir le besoin d'une réforme dans l'église. Wishart prêtre de Dundee prêchait alors avec violence contre le pape et les évêques, il réussit à soulever la foule qui détruisit les couvents des Dominicains et des Franciscains élevés dans cette ville. Il fut arrêté. Convaincu de rejeter les sacrements, le libre arbitre, la croyance au purgatoire, l'invocation des saints, le dogme de la présence réelle, le pouvoir du pape et celui des prêtres et d'être favorable au mariage de ces derniers, il fut brûlé le 28 mars 1546. Deux mois plus tard, le 29 mai, Beaton était assassiné dans la cathédrale de Saint-Andrew's par plusieurs nobles favorables à la réforme et à l'union de l'Ecosse avec l'Angleterre.

Ce meurtre marque le début de la dernière phase de la lutte entre les partisans du catholicisme et ceux de la réforme protestante et c'est dans cette circonstance que nous voyons apparaître pour la première fois dans l'histoire le véritable chef de la réforme écossaise Jean Knox.

Les assassins et leurs complices parmi lesquels Knox s'étaient enfermés dans le château de Saint-Andrew's. Soutenus par des forces françaises le régent Arran et la reine-mère Marie de Guise s'emparèrent de Saint-Andrew's, la plupart des conspirateurs furent expédiés en France et emprisonnés dans les villes bretonnes, on envoya Knox ramer sur les galères de France. De leur côté les Anglais étaient venus au secours des révoltés et avaient battu les Ecossais à Pinkie près d'Edimbourg (1547).

La reine-mère ne perdit pas courage ; la petite reine fut mise à l'abri dans le château de Dumbarton où la flotte française vint la prendre pour la conduire en France. Tranquille de ce côté Marie de Guise ne songea plus qu'à chasser les Anglais et elle y parvint avec l'appui d'une armée française. En 1554 elle prit la régence à la place d'Arran. Hamilton avait succédé à Beaton sur le siège de Saint-Andrew's (1).

Celui-ci prit à tâche d'instruire les fidèles et de réformer le clergé. Il publia pour les premiers un catéchisme fort bien fait et qui se répandit rapidement dans le peuple ; il échoua malheureusement dans la seconde tâche et les statuts célèbres du concile écossais de 1549 et de ceux qui le suivirent ne purent que bien peu de chose contre la corruption et l'ignorance du clergé.

Tout semblait conjurer pour la ruine du catholicisme en Ecosse. En 1549 Jean-Knox alors dans la force de l'âge — il était né en 1505 — quittait les galères de France sur la demande d'Edouard VI, roi d'Angleterre et recevait un vicariat

(1) Le prélat catholique le plus illustre de cette époque avec Hamilton fut Robert Reid, évêque des Orcades. Il avait achevé à Paris ses études commencées à Saint-Andrew's et était devenu président du collège royal de justice composé pour moitié de clercs. Il restaura la cathédrale Saint-Magnus et en 1558 servit de témoin au mariage de Marie Stuart et du dauphin de France le futur François II. Il reprenait le chemin de l'Ecosse quand il mourut subitement à Dieppe. Il fut enterré dans une chapelle de l'église Saint-Jacques de cette ville. Il avait laissé par testament une grosse somme pour fonder une université à Edimbourg.

protestant à Berwick on Tweed. Il fut si violent dans ses prédications contre l'Eucharistie qu'il fut mandé devant la cour de l'évêque anglican de Durham et réprimandé. Edouard VI en fit un de ses chapelains et lui offrit l'évêché de Rochester qu'il refusa.

Un événement qui s'annonçait favorable à la cause catholique lui devint par la suite très nuisible : en 1553 Edouard VI mourait et son trône passait aux mains de sa sœur la catholique Marie. La persécution qu'elle dirigea contre ses sujets protestants fit émigrer en Ecosse un grand nombre de pasteurs qui s'appliquèrent à y propager la réforme.

Cependant Knox n'était point retourné dans sa patrie, il s'était rendu à Genève, s'était lié avec Calvin, puis pendant un peu moins de deux ans avait servi de directeur à la congrégation protestante anglaise de Francfort sur le Mein mais finalement n'avait pu s'entendre avec ces « demi-catholiques » comme il les appelait. En mars 1555 il résigna son poste, revint à Genève, s'y maria, puis rentra à Edimbourg où on le retrouve en août de la même année prêchant violemment contre le saint sacrifice de la messe et convertissant beaucoup de nobles.

En mai 1556 il fut sommé de venir se justifier devant un concile d'évêques assemblé dans l'église des moines noirs. Il osa non seulement y comparaître mais y prêcher sa doctrine et il demanda par lettre à la régente de le soutenir. Cependant il repartit aussitôt pour Genève. Les tribunaux ecclésiastiques le condamnèrent par contumace et il fut brûlé en effigie.

Les progrès du protestantisme continuaient néanmoins et la régente faisait preuve d'une si grande modération à leur égard, que Knox songea même à rentrer en Ecosse. Il vint jusqu'à Dieppe mais au moment de s'embarquer il n'osa et retourna à Genève. De loin pourtant il continuait à conseiller ses coreligionnaires et sur son instigation ils établirent le 3 décembre 1557 la Congrégation écossaise. L'église protestante d'Ecosse était fondée. Dans toutes les paroisses que dominaient les nobles protestants, les Lords de la Congrégation, les prêtres catholiques furent chassés et remplacés par des pasteurs qui le Dimanche lisaient le *Book of Common Prayer*.

Un an plus tard en novembre 1558 les nobles de la Congrégation demandent pour elle l'autorisation de tenir des réunions publiques, d'y interpréter librement l'Ecriture, d'y distribuer aux fidèles la communion sous les deux espèces, d'officier en langue vulgaire. Les catholiques proposèrent une transaction : les prières seraient faites et le baptême administré en langue vulgaire. Les protestants rejetèrent ce compromis mais d'elle-même la régente accorda ces deux points à condition que les assemblées n'auraient lieu ni à Edimbourg ni à Leith.

Les protestants demandèrent la suspension de toutes les poursuites intentées pour cause d'hérésie et adressèrent une pétition à la régente la priant d'ordonner qu'à l'avenir les évêques seraient élus par la noblesse, et le clergé paroissial par les fidèles de la paroisse. La régente transmit la pétition au concile qui siégeait alors à Edimbourg (1er mars — 10 avril 1559). La réponse du concile fut négative ; les rares membres du clergé qui y assistaient étaient absorbés par la rédaction de statuts qui rappelaient ceux des précédents conciles.

En vain Quentin Kennedy abbé de Crossraguel défendait la religion catholique dans son Compendion Tractive et discutait victorieusement contre l'ancien moine Willock qui attaquait le sacrifice de la messe, l'inconduite et l'ignorance de la masse du clergé avaient ébranlé la foi dans le peuple écossais ; l'Ecosse allait bientôt passer presque tout entière au protestantisme.

Le 2 mai Knox rentrait dans sa patrie. Mis hors la loi il se rendit à Dundee où les Lords de la Congrégation le prenaient sous leur protection. Le 10 mai la Congrégation se réunissait à Perth.

Un décret royal convoquait les pasteurs à Stirling ; aucun d'eux ne répondit à la convocation ; ils furent déclarés rebels. Loin de se soumettre ils se mirent en rébellion ouverte, le 11 ils occupèrent les diverses églises de Perth et Knox prêcha à Saint-Jean contre la célébration de la messe ; la foule fanatisée mit l'église à sac et détruisit tous les couvents sauf ceux des Franciscains et des Dominicains dont elle ne put s'emparer.

Le 22 mai la Congrégation écrivit à la régente que « si les prêtres ne cessaient leur idolatrie ouverte ils seraient traités comme des assassins. » Le 29 mai la régente entrait dans Perth mais le duc d'Argyll et lord James Stuart prenaient ouvertement parti pour les protestants. Ceux-ci s'emparent successivement de Saint-Andrew's, de Lindores, de Balmerino, de Scone et saccagent ou détruisent les églises et les monastères. Le 29 Juin ils entraient dans Edimbourg et dévastaient la cathédrale Saint-Gilles.

L'avènement de François II et de Marie-Stuart au trône de France arrêta un moment leur succès. La régente reçut l'appui d'une armée française. Knox invita la Congrégation à déposer la régente mais trop faible pour résister la Congrégation dut le 6 novembre abandonner Edimbourg et se retira à Stirling. L'évêque d'Amiens Nicolas de Pel-

levé envoyé en Ecosse comme *légat a latere* re-
consacra Saint-Gilles.

Les protestants écossais entrèrent en relation
avec la reine d'Angleterre et le 27 Février 1560
les lords révoltés signèrent avec Elisabeth le
traité de Berwick, la question religieuse y était
passée sous silence, la prétendue agression de la
France qui en fait soutenait les droits de la reine
d'Ecosse était le prétexte de cet accord. Une en-
tente religieuse eut d'ailleurs été difficile car
bien que Knox eut adopté le *prayer book*
d'Edouard VI il était cordialement détesté par la
reine d'Angleterre pour ses tendances égalitaires.
La guerre ne dura pas six mois : pendant que
8.000 Anglais envahissaient le sud du pays et dé-
truisaient Melrose ; au nord les révoltés détrui-
saient les monastères et saccageaient les églises
d'Aberdeen et de Glasgow. La régente mourait le
10 juin (1). En juillet la paix était signée à Edimbourg : on proclamait l'oubli des divisions, le
droit des évêques à faire partie du parlement
était reconnu et des indemnités accordées aux
victimes de la guerre civile.

Mais parmi le clergé les apostasies se multipliaient et les nobles s'étaient donné la tâche de
ruiner chacun dans leur district la religion catho-

____

(1) Elle est enterrée à Reims.

lique. Ils jalousaient la richesse territoriale du clergé et pensaient bien qu'en détruisant l'église ils réussiraient à s'emparer de ses dépouilles. Leur calcul se trouva juste. Il ne semble pas pourtant que la richesse du clergé fut exorbitante — l'Eglise avait environ 8.200.000 francs de revenus et l'Ecosse comptait 3.000 ecclésiastiques mais cette richesse était mal répartie ; certains évêchés et certains abbés commandataires vivaient dans l'opulence et le bas clergé dans la gêne. Malgré ses torts le clergé écossais avait fait fait preuve en diverses circonstances d'un patriotisme ardent et éclairé qui aurait du lui épargner la persécution qu'il eut bientôt à subir.

Non seulement il avait contribué généreusement à la défense de l'Ecosse menacée par l'Angleterre mais il avait fait voter par le parlement en 1496 une loi rendant l'instruction obligatoire pour les nobles et les freeholders.

Rien cependant ne devait plus arrêter les réformateurs dont les passions religieuses étaient déchaînées. L'année 1560 vit la destruction presque complète du catholicisme en Ecosse.

DEUXIÈME PARTIE

—

DE LA RÉFORME A LA RESTAURATION
DE LA HIÉRARCHIE CATHOLIQUE

Le traité d'Edimbourg avait promis la convocation immédiate du parlement.

Il se réunit dans la capitale le 1er août suivant. Immédiatement les protestants demandèrent le vote d'une loi abolissant dans le royaume la doctrine catholique et en interdisant l'enseignement. La doctrine de la transubstantiation, du mérite des bonnes œuvres, la croyance au purgatoire et la pratique des prières pour les morts étaient particulièrement visées. Malgré une clause formelle du traité d'Edimbourg la Congrégation demanda au parlement pour base de la religion nationale la confession de foi.

Les catholiques encore en majorité auraient pu s'opposer à ces mesures si, malheureusement, des laïcs abbés commendataires soucieux avant tout de garder leurs bénéfices n'avaient apostasié.

Le 25 août, une loi déclarait abolie la juridiction du pape et ordonnait que quiconque désormais
dirait ou entendrait la messe serait pour la première fois puni de confiscation et d'une peine
corporelle, en cas de récidive de bannissement, et
pour la troisième fois de mort.

Une loi du même mois reconnut le protestantisme comme religion d'état, adopta la confession
de foi qui admettait pour principe comme le calvinisme la justification par la foi et ne reconnaissait comme sacrements que le baptême et la
communion.

La rédaction d'un *livre de discipline* fut en
même temps ordonnée. Ce livre comprenait neuf
chapitres : le premier déclarait nécessaire la pré-
dication de l'Ecriture Sainte, rejetait les vœux
religieux, le carême, les prières pour les morts,
l'observance de Noël, de l'Épiphanie, de la Purifi-
cation, des fêtes des saints ;

Le second concernait l'administration du baptême et du Lord's Supper sous les deux espèces ;

Le troisième décrétait la suppression des abbayes, des chapelles, etc. ;

Le quatrième décrétait que les ministres seraient
élus et qu'à leur défaut de simples fidèles liraient
les écritures et le Common Prayer Book ;

Le cinquième établissait de quelle manière et
par quelles ressources les ministres et les super-

intendants seraient entretenus, il reconnaissait trois universités et traitait de l'éducation des enfants ;

Enfin les quatre derniers chapitres avaient trait à la propriété ecclésiastique, aux censures ecclésiastiques, à l'excommunication et à l'élection des anciens.

Le Lord's Supper ne doit pas être célébré plus de quatre fois par an et ne doit pas l'être à des époques fixes.

Les mariages doivent être célébrés publiquement et le dimanche seulement. Le divorce est admis pour adultère et le coupable doit être puni de mort.

Le dogme et la discipline de la nouvelle église étaient fortement imprégnés de calvinisme. L'influence de Calvin était due en grande partie aux relations qu'il avait eu avec Jean Knox à Genève, cette influence eut un moment de discrédit puis reprit à nouveau et pour toujours. Le jour consacré au service divin resta le dimanche mais reprit le nom biblique de Sabbath.

Les évêques furent conservés mais ils s'appelèrent dorénavant surintendants et la congrégation s'arrogea le droit de les déposer.

La première *assemblée* se réunit en décembre 1560. Elle rejeta les empêchements de mariage pour cause de consanguinité et adressa au parlement une pétition contre les catholiques.

En mai 1561, les réformés recommencèrent à
détruire un peu partout les églises et les abbayes.
Seuls les districts septentrionaux du royaume
échappèrent à ces destructions. En août, Marie
Stuart veuve rentrait dans son royaume et le
peuple d'Edimbourg s'ameutait parce qu'elle faisait célébrer la messe dans sa chapelle. Knox
d'ailleurs, bien loin d'apaiser ses coreligionnaires,
disait en pleine chaire qu'il redoutait plus une
messe que le débarquement de 10.000 ennemis ;
mais il ne se sentait pas de force à soutenir une
controverse théologique. Ninian Winzet, ardent
défenseur de la foi catholique, lui soumettait en
février 1562 quatre-vingt-trois propositions, mais
au lieu d'y répondre Knox faisait brûler le livre
et briser les presses d'où il était sorti. Winzet ne
se sentant plus en sûreté quittait sa patrie et se
retirait sur le continent d'où il continua à défendre
la foi contre Knox et ses partisans (1).

Le catholicisme était réduit à un si petit état
que Marie Stuart ne pouvait envoyer un seul
évêque écossais au concile de Trente et l'intolé-
rance des réformés était telle que le jésuite Gou-
danus, envoyé comme nonce auprès de la reine,
était réduit à se déguiser pour accomplir sa mission.

(1) Il mourut abbé du monastère écossais de Ratis-
bonne.

En 1563, Knox faisait condamner à la prison des prêtres coupables d'avoir dit la messe à Pâques. Il ne cessait d'ailleurs d'attaquer violemment dans ses prédications la reine et la cour, reprochant avec âpreté à la jeune reine de se livrer au plaisir innocent de la danse.

Il prenait bien son temps ! c'était à l'époque où, veuf et âgé de soixante ans, il épousait la fille de lord Ochiltree qui en avait seize !

L'année suivante Marie Stuart épousait Darnley noble écossais. Les autres nobles jaloux se mirent à intriguer avec Elisabeth (1565). Dès lors, pendant deux ans jusqu'à son abdication les événements se précipitent ; la politique et la religion sont intimement mêlées.

Knox se livre à de nouvelles attaques contre la reine et se voit interdire pour trois semaines la chaire de Saint-Gilles. Puis c'est l'assassinat de Rizzio et d'un dominicain confident de Marie Stuart. Quelques mois plus tard naissait Jacques VI — le futur Jacques Ier d'Angleterre — que la reine faisait baptiser en catholique.

Marie Stuart ne s'en tint pas à cette manifestation religieuse irréprochable, elle commit l'imprudence de rendre à Hamilton, archevêque de Saint-Andrew's, sa juridiction perdue, mesure qui suscita de la part des protestants une très vive opposition. Darnley, plus sceptique ou plus politique, assistait alternativement à l'office catholique et au service protestant. Il ne parvint pas néanmoins à sauver sa vie menacée par des complots : le 9 février 1567 il était assassiné par Morton.

Au parlement qui se tint en avril suivant, évêques catholiques et superintendants protestants siégeaient à côté l'un de l'autre et la liberté religieuse fut reconnue. Ce n'était que de vaines paroles.

Darnley n'était pas mort depuis trois mois qu'un des principaux lords protestants Bothwell épousait de force Marie Stuart suivant le rite protestant et forçait la malheureuse reine à signer une proclamation en faveur de la religion protestante. Un complot s'organisa contre la reine et Bothwell, celui-ci put s'échapper mais Marie Stuart tombait le 16 juin aux mains des nobles révoltés. Le 24 du même mois la populace d'Edimbourg fanatisée détruisait la chapelle du château royal d'Holyrood et n'en laissait debout que les murs qui forment encore aujourd'hui une ruine merveilleuse.

L'exemple d'une telle fureur enleva tout courage aux barons partisans de la reine. Invités par l'assemblée protestante d'Edimbourg à venir siéger ils refusèrent déclarant qu'ils ne se sentiraient pas en sûreté dans la capitale.

L'assemblée composée uniquement d'adversaires de Marie décida que l'éducation de son fils lui serait enlevée et serait conflée à « quatre hommes sages ». Elle prit de nouvelles mesures contre le catholicisme et décida que les futurs souverains de l'Ecosse devraient jurer en montant sur le trône de respecter la religion protestante.

Le 24 juillet la reine fut contrainte de force à abdiquer.

Jacques VI fut couronné et malgré les furieuses protestations de Knox il reçut l'onction. Moray demi frère de Marie Stuart, fils naturel de Jacques V fut proclamé régent.

Les persécutions contre les catholiques recommencèrent : beaucoup de prêtres, entre autres l'évêque de Dunblane accusé de dire la messe et de correspondre avec le pape, furent dépouillés de leurs biens et exilés. La fidélité à l'ancienne religion devint une cause de disqualification politique et les catholiques furent privés des sièges qu'ils occupaient au parlement par une loi de 1568.

Le 1er mai de cette même année Marie, avec l'aide de quelques partisans, parvint à s'échapper mais le 13 elle était définitivement vaincue à Langside et se réfugiait en Angleterre.

Les protestants écossais se vengèrent sur les catholiques des craintes qu'ils avaient éprouvées durant ces douze jours. La presse catholique fut supprimée, les professeurs catholiques de King's College (Aberdeen) chassés. Des prêtres coupables d'avoir dit la messe furent condamnés à mort ; le régent les gracia mais ils furent exposés au pilori avec leurs calices et exilés. Plusieurs sorcières furent brûlées par les protestants fanatiques.

En 1570 Lennox qui avait succédé comme régent à Moray assassiné fit pendre l'archevêque de Saint-Andrew's, Hamilton. Les restes du chapitre élirent à sa place Robert Hay.

L'élection de Morton comme régent (novembre 1572) marque le début d'une grande crise dans l'église protestante d'Ecosse. Le nouveau régent voyait d'un très mauvais œil l'organisation démocratique de l'église établie, il ne tarda guère à se montrer favorable à une organisation épiscopalienne analogue à celle de l'église anglicane que Knox — fait étrange — ne désapprouva pas. Morton pencha ensuite vers une restauration de l'église catholique ; il ne cachait pas le profond mépris que lui inspiraient les ministres presbytériens.

Knox fit alors une vive opposition au régent mais le gouverneur du chateau d'Edimbourg l'ayant menacé de l'enfermer s'il ne se taisait, Knox quitta la capitale et s'en alla résider à Saint-Andrew's (1571) où il mourut l'année suivante

(24 novembre 1572) après une longue discussion, avec le jésuite Tayre.

La mort de Knox n'arrêta pas les persécutions contre les catholiques, dans les années qui suivirent, beaucoup de prêtres furent bannis et certains même pendus pour avoir célébré la messe. Une assemblée générale édicta même que dans les huit jours les catholiques devraient faire profession de protestantisme. Des abjurations forcées se produisirent alors. Ce fut pourtant à cette époque qu'Archibald Hamilton, professeur à l'Université de Saint-Andrew's eut le courage de revenir à l'église catholique. Mais les efforts de Beaton, archevêque de Glasgow et de John Leslie, évêque de Ross (1) réfugiés sur le continent pour restaurer la foi catholique dans leur patrie furent vains.

Les protestants écossais poussèrent le fanatisme jusqu'à protester contre la présence des étrangers de religion catholique qui venaient en Ecosse pour affaires.

Le presbytérianisme d'ailleurs reprenait de plus belle après un temps d'arrêt et en 1578 Morton était obligé d'abandonner la régence à cause de ses sympathies pour l'épiscopalisme. Il fut remplacé par un conseil de régence composé de douze

______

(1) Leslie servait de coadjuteur à l'archevêque de Rouen.

membres à la tête duquel fut mis André Melvill principal du collège de Glasgow, presbytérien ardent. En 1580 l'assemblée de Dundee supprima les évêques mais en même temps on rédigeait un second livre de discipline qui créait des cours d'église et leur donnait les pouvoirs souverains qui étaient enlevés aux assemblées des fidèles.

En 1581 Jacques VI majeur prenait personnellement le gouvernement après avoir promis de respecter l'organisation religieuse nouvelle et Morton l'ancien était régent exécuté ! Le catholicisme était alors dans un tel état de décadence qu'il n'y avait plus de prêtres écossais et que le service était fait par des prêtres anglais. Le nonce du pape à Paris était nommé ordinaire de l'Angleterre et de l'Ecosse et les prêtres de ces deux royaumes devaient se former dans les séminaires écossais de Paris et de Pont à Mousson en France et dans les anciens monastères écossais d'Allemagne transformés en séminaires. Pour que les rares catholiques écossais résidant encore dans leur patrie ne fussent pas dénoncés au zèle de leurs persécuteurs le pape suspendait en leur faveur l'obligation du carême. Cette mesure était d'autant plus opportune que l'assemblée protestante de 1582 venait de demander au roi de punir comme traîtres les protestants qui retournaient au catholicisme. Cette demande seule indique que le protestantisme commençait à perdre du terrain. En effet grâce au zèle des jésuites le catholicisme faisait de grands progrès et le roi effrayé ordonnait (3 janvier 1593) aux jésuites et aux prêtres de quitter Edimbourg dans le délai de trois heures sous peine de mort. Les catholiques répondaient à cette invitation en entrant en relation avec l'Espagne.

Le nord du royaume était encore aux mains de lords catholiques. Une expédition envoyée entre eux en 1594 échoua et se fit battre à Glenlivat.

Le roi ayant pris lui-même la direction d'une seconde armée les chefs catholiques renoncèrent à lui résister et s'embarquèrent pour le continent.

Les progrès de la religion catholique n'en furent pas arrêtés et pendant que les presbytériens et les protestants épiscopaliens se divisaient et se querellaient, les conversions et les retours au catholicisme se multipliaient. En 1600 la reine elle-même Anne de Danemark se convertissait.

La même année le pape créait à Rome un collège écossais et des bénédictins étaient envoyés en Ecosse. Le roi d'Ecosse entretenait officiellement de bons rapports avec le pape mais les persécutions continuaient contre les catholiques. Dans les premières années du XVIIᵉ siècle un grand nombre d'entre eux furent exilés. Sur ces entrefaites (1603), Jacques VI succéda sur le trône d'Angleterre à la reine Elisabeth. Il profita de l'indépendance que sa nouvelle couronne lui donnait vis-à-vis de sa patrie pour faire prévaloir dans ce dernier pays l'église épiscopalienne sur l'église presbytérienne. Il s'ensuivit une longue lutte entre les deux églises protestantes pendant laquelle les catholiques purent respirer un peu.

Mais la persécution reprit vers 1615 : en cette année un prêtre, Olgivie fut exécuté à Glasgow. John Hamilton d'origine écossaise qui fut recteur de l'Université de Paris pendant la Ligue et avait tenté de rentrer dans sa patrie, mourut prisonnier dans la tour de Londres.

L'assemblée protestante qui se tint à Aberdeen en 1615, se donna le ridicule et l'odieux de déclarer que le fait pour un catholique écossais *d'entendre la messe même en dehors de l'Ecosse* emportait comme châtiment légal la confiscation des biens.

Le changement de règne n'apporta aucun soulagement aux souffrances des catholiques. Sous Charles Ier, ils eurent à supporter les mêmes persécutions que sous Jacques VI. Les lois pénales continuèrent à être appliquées avec sévérité.

Une proclamation du conseil privé (1628) commanda de livrer les catholiques à la justice. Le marquis de Huntly qui était lui-même catholique et commandait pour le roi dans l'Ecosse septentrionale trouva moyen de ne point faire appliquer cette proclamation dans son gouvernement. Cela ne faisait pas le compte des protestants ; une seconde proclamation datée de 1629, déclara tous les catholiques solidaires et les fonctionnaires royaux furent obligés pour conserver leurs postes de recevoir la communion protestante au château d'Holyrood. Les ministres protestants se firent les délateurs de leurs compatriotes restés fidèles à l'église catholique.

Les nobles catholiques se virent enlever leurs enfants dont l'éducation fut confiée à des protestants. Des femmes mêmes — entre autres Lady Abercon — furent emprisonnées pour n'avoir pas voulu abandonner leurs enfants.

Les catholiques qui avaient envoyé leurs enfants sur le continent pour les faire élever dans leur religion furent contraints sous peine de confiscation de les faire revenir. Quelques églises et quelques chapelles catholiques restaient encore de pures merveilles artistiques, elles furent saccagées par des protestants fanatiques. Charles Ier ayant cru pouvoir remettre par grâce certaines des peines infligées à des catholiques, l'église établie d'Ecosse protesta violemment. Deux jeunes gens qui s'étaient mariés devant un prêtre catholique furent emprisonnés séparément pendant plusieurs années. On exilait ou on emprisonnait à l'envi les prêtres et les fidèles. Il n'y eut aucune différence entre la domination de Cromwell et le règne de Charles 1er. On obtint par ce moyen un certain nombre de conversions forcées mais la majorité des catholiques traduits en justice et sommés d'apostasier restèrent fidèles à leur foi. Ils y eurent d'autant plus de mérite que beaucoup d'entre eux étaient depuis longtemps privés de tout secours religieux.

Pendant près de 70 ans, l'Ecosse fut totalement privée d'évêques. Le dernier survivant de l'ancienne hiérarchie, l'archevêque de Glasgow Beaton avait dû partir pour l'exil en 1560 ; il était mort à Paris en 1603. L'Ecosse avait été soumise quelque temps à la juridiction des archiprêtres anglais puis à partir de 1623 à celle du premier vicaire apostolique d'Angleterre mais en cette même année le pape sur la demande des catholiques écossais lui enleva sa juridiction sur ce pays. Ce fut seulement en 1629 qu'une mission d'Ecosse fut créée. En 1634 la Propagande décida de restaurer l'ancien évêché des îles mais ce décret resta lettre morte.

Le père Patrick Hogerty qui avait succédé en 1640 au père C. Ward fut emprisonné pendant cinq ans et dut retourner en Irlande (1648).

Le clergé écossais ne fut soumis qu'en 1643 à un préfet apostolique spécial. Sept ans plus tard la restauration de Charles II rendit aux catholiques quelque temps de tranquillité. Il suspendit l'application des lois pénales, délivra un grand nombre de fidèles et de prêtres sous le coup d'une condamnation à mort pour avoir pratiqué leur religion. Des négociations furent même commencées entre le roi et le pape pour la restauration du catholicisme dans les trois royaumes mais elles échouèrent. La bonne volonté du roi n'empêcha pas les persécutions de recommencer quelques années après son avénement spécialement dans les Lowlands et l'Aberdeenshire. Un catholique fut banni uniquement pour avoir fait circuler des livres catholiques. La comtesse de Traquair dut abandonner son fils à des éducateurs protestants, de même Wanchope et lord Semple ; ce dernier fut mis en prison pour avoir parlé avec son fils en dehors de la présence de ses tuteurs protestants !

Un rapport du père A. Leslie chargé en 1687, de visiter les missions écossaises nous apprend le triste état auquel elles étaient réduites. Si les Highlands et les Iles contenaient encore 12 000 communiants, il n'y en avait que 550 dans l'ancien diocèse de Galloway, 50 à Glasgow, 72 dans le Forfar, 450 dans l'Aberdeenshire, 1 000 dans le Bauff et 28 dans le Moray. Le visiteur indique quelques réformes urgentes propres à faciliter la tâche des missionnaires. Rien n'aurait pu être plus efficace que la tolérance religieuse pour le développement du catholicisme. A peine monté sur le trône, Jacques II rendit un édit de tolérance (1680) en faveur des catholiques écossais et de toutes les religions et suspendit l'application des lois pénales édictées contre les catholiques. L'année suivante il ordonnait la restauration de la chapelle d'Holyrood en faveur du service catholique et en attendant cette restauration faisait célébrer la messe dans un appartement du château. La populace d'Edimbourg fanatisée par les ministres accabla d'insultes le chancellier lord Perth lorsqu'il sortit de la messe. Quelques insulteurs ayant été arrêtés, un émeute s'en suivit où plusieurs personnes perdirent la vie.

Jacque II fut renversé l'année suivante ; la populace d'Edimbourg s'empara du château d'Holyrood, les maisons des catholiques et de tous ceux qui étaient suspect de leur être favorables furent brûlées ; lord Perth détenu trois ans dans le château de Stirling fut enfin banni. Dans les années qui suivirent des persécutions qu'on se lasse de raconter reprirent de plus belle à travers l'Ecosse. En 1700 les lois pénales furent renforcées : les catholiques furent déclarées incapables d'acquérir par héritage, l'éducation de leurs enfants leur fut légalement enlevée. Le clergé écossais était alors réduit à un évêque, le vicaire apostolique Nicholson, 23 prêtres séculiers, 10 jésuites et 4 bénédictins.

Les Hébrides méridionales et les Highlands occidentales demeuraient toujours les centres les plus importants des catholiques.

L'Ecosse protestante à cette époque était suivant un historien peu suspect, Lecky, soumise absolument à un clergé ignorant, fanatique et barbare qui interdisait l'expression même d'opinions adverses et déclarait avoir foi en la sorcellerie.

La première moitié du xviii° siècle fut relativement facile à supporter pour les catholiques. Les lois pénales furent bien encore renforcées sous la reine Anne et des démonstrations protestantes s'étant produites dans Edimbourg, de nouvelles proclamations contre les catholiques rendues, mais en pratique les persécutions furent moins ardentes et surtout moins nombreuses. Les protestants s'efforcèrent avant tout de lutter contre le catholicisme par des missions qu'ils envoyèrent dans le nord. De son côté l'évêque catholique ne restait pas inactif, il donnait à son clergé des instructions d'ensemble dans ses Statuta Missionis et en 1712 il fondait le séminaire de Scalan.

Le catholicisme semble avoir fait assez de progrès à cette époque pour que le vicariat apostolique d'Ecosse fut divisé en deux parties, le district des Highlands, et celui des Lowlands (1727).

L'échec du second soulèvement jacobite fut pour les catholiques la cause de nouvelles persécutions. Plus de 1 000 Highlanders furent transportés en Amérique, le séminaire de Scalan réduit en cendres, les prêtres et les fidèles poursuivis sans merci, l'évêque Mac Donald condamné au bannissement.

Des dissensions intérieures contribuèrent à énerver, les catholiques écossais, elles provenaient — qui le croirait ? — du jansénisme. La majorité des professeurs du Collège Ecossais de Paris tenaient pour cette hérésie et par eux elle s'était infiltrée parmi les missionnaires de l'Ecosse ; il fallut pour y mettre un terme que le pape leur ordonnât d'adhérer par écrit à la bulle Unigenitus. Ils obéirent.

L'histoire du catholicisme en Ecosse pendant la deuxième partie du xviiie siècle est dominée par la grande figure de George Hay.

Protestant d'origine, George Hay étudiait la médecine quand éclata le deuxième soulèvement jacobite. Il servit de chirurgien à l'armée du prétendant et fut pour cette raison obligé de résider à Londres après Culloden. Il y fit la connaissance d'un libraire catholique et la lecture de quelques livres d'apologie le convertit au catholicisme. Il retourna à Edimbourg achever ses études médicales. Sa conversion lui interdisant l'exercice de la médecine dans son pays il s'embarqua comme médecin sur un navire puis sur les conseils d'un prélat très distingué Mgr Chancellor entra au collège écossais de Rome et fut ordonné prêtre en 1758 à l'âge de 29 ans. Il revint comme missionnaire en Ecosse, son zèle et sa prudence le firent remarquer en 1769, il fut consacré évêque et devint coadjuteur du vicaire apostolique des Lowlands.

Trois ans plus tard le Landlord de l'île d'Uist voulant obliger les habitants à abandonner la foi catholique menaça de les chasser tous de ses terres s'ils ne se convertissaient au protestantisme! Ils restèrent fidèles à leur religion mais pour leur éviter de nouvelles persécutions Mgr Hay leur procura le moyen d'émigrer tous au Canada. En même temps qu'il s'occupait des intérêts de ses coreligionnaires écossais Mgr Hay étudiait la théologie et l'Ecriture sainte. Successivement il publiait une nouvelle édition de la Bible, des lettres sur l'usure, la Doctrine des Miracles suivant l'Ecriture, le Chrétien Sincère. Le collège écossais de Douai ayant été supprimé pendant la Révolution (1), Mgr Hay fonda non loin d'Aberdeen

(1) Mais en compensation le gouvernement français continue à subvenir à l'éducation d'un certain nombre de prêtres écossais dans les séminaires français.

le séminaire d'Ahuqorties qui prit la place du séminaire de Scalan.

Les lois pénales existaient encore mais déjà en 1779 un grand effort avait été fait pour l'affranchissement des catholiques. Ils étaient alors au nombre de 25.000 ou 30.000 en Ecosse soumis en droit à l'odieuse législation suivante :

Il ne devait y avoir en Ecosse aucun professeur de la religion catholique. Acheter, vendre ou propager des livres catholiques était puni de bannissement et de confiscation totale des biens. Jésuites et prêtres étaient punis de mort et de confiscation. Confisqués pareillement les biens de quiconque les recevait, assistait à la messe, refusait d'assister au service protestant et tâchait de convertir « by reasoning or by books » par la parole ou par la lecture les protestants. Importer des livres catholiques était s'exposer à être emprisonné « during the king's pleasure ». Les pasteurs avaient le droit de sommer les catholiques de venir entendre leurs sermons et de les dénoncer s'ils refusaient.

Nous avons vu déjà de quels moyens on usait pour enlever leurs enfants aux catholiques. Les catholiques sont incapables d'acquérir par don ou par achat, et au-dessus de quinze ans par héritage à moins qu'ils ne se convertissent immédiatement au protestantisme ; s'ils refusent, l'héritage va à leurs parents protestants. Les catholiques ne sauraient être maîtres d'école, ni enseigner ou exercer aucun art ou science sous peine d'amende. Un protestant n'a pas le droit d'employer un catholique.

Mgr Hay s'efforça d'intéresser le parlement au malheureux sort des catholiques. Immédiatement les protestants écossais s'y opposèrent. L'assemblée générale de 1778, le synode de Glasgow et d'Ayr se firent leurs interprètes et se lamentèrent des grands progrès du catholicisme dans le pays.

Des catholiques sortant d'une messe furent assommés dans Glasgow et la maison d'où ils sortaient brûlée. Il en fut de même à Edimbourg où la demeure de Mgr Hay fut détruite. Un protestant libéral favorable à la suppression des lois pénales, le principal Robertson fut menacé de mort.

A la suite des émeutes d'Edimbourg et de Glasgow, Mgr Hay adressa aux catholiques une très belle lettre apostolique où il leur commandait de ne point garder de rancune à leurs compatriotes égarés par le fanatisme. En même temps il adressait au roi une pétition des catholiques qui demandaient au parlement de les indemniser des pertes qu'ils avaient subies.

Wilkes demanda au Lord-Avocat d'Ecosse pourquoi on refusait aux catholiques écossais les concessions accordées à leurs coreligionnaires d'Angleterre. Le Lord-Avocat d'Ecosse s'excusant sur la crainte du tumulte que cette mesure exciterait en Ecosse, Vilkes lui répondit amèrement que la conduite du gouvernement soumettait en pratique la conduite du Parlement Britannique au contrôle d'une bande d'émeutiers d'Edimbourg. La pétition des catholiques écossais fut défendue le 18 Mars 1779 par Burke, mais le gouvernement ne l'ayant pas défendue elle ne fut pas prise en considération. Les magistrats de Glasgow et d'Edimbourg accordèrent aux catholiques qui avaient subi des pertes pendant les émeutes des indemnités équitables.

Une loi de 1793 supprima enfin une partie des iniquités contenues dans les lois pénales. Les catholiques écossais recouvraient le droit de propriété et du libre exercice de leur religion, mais il leur était encore interdit d'exercer une fonction publique ou d'enseigner.

La religion catholique qui n'avait alors à son service en Ecosse que quarante prêtres trouva de nouveaux serviteurs parmi les prêtres français émigrés et quelques-uns d'entre eux eurent la joie de contribuer au développement de la religion dans ce pays ancien allié du nôtre.

En 1827 une nouvelle division ecclésiastique

s'imposa et au lieu des deux districts celui des Highlands et celui des Lowlands il y en eut trois désormais jusqu'à la restauration de la hiérarchie.

Deux ans plus tard le Parlement britannique vota enfin l'acte d'émancipation des catholiques. Mais jusqu'en 1871 les catholiques durent continuer à payer l'*annuité* que tous les dissidents payaient en faveur de l'église presbytérienne et jusqu'en 1878 les bans des catholiques durent être publiés dans les Temples protestants. L'établissement des ordres religieux restait interdite en fait mais le gouvernement anglais renonça en pratique à faire observer cette clause.

Quelques milliers de protestants fanatiques tentèrent bien encore de s'opposer par une pétition à l'émancipation de leurs compatriotes catholiques mais la grande majorité d'entre eux accueillit favorablement cette mesure libérale et équitable.

Au moment de l'émancipation la population catholique de l'Écosse avait plus que doublé depuis le commencement du siècle étant passée de 30.000 âmes à 70.000. Cette augmentation n'était pas due uniquement à des conversions ou à des naissances, elle tenait en grande partie à l'immigration d'Irlandais qui venaient travailler dans les centres industriels de l'Écosse à Glasgow et aux environs. Cette immigration augmenta considérablement à la suite de la grande famine irlandaise de 1846. Les Irlandais immigrés manifestèrent vers 1860 le désir d'avoir à leur tête un prélat de leur race. Pour leur être agréable Rome nomma un Irlandais coadjuteur du vicaire apostolique du district occidental. A leur tour les Ecossais se plaignirent. Mgr Manning fut alors chargé d'inspecter le district. Sa conclusion de même que celle du cardinal Wiseman fut que les meilleurs moyens d'apaiser ces divisions était de rétablir en Ecosse l'organisation épiscopale.

On ne donna suite à ces conclusions qu'en 1877 à l'occasion du jubilé papal de Pie IX mais l'honneur du rétablissement de la hiérarchie revint à Léon XIII. (Bulle du 4 mars 1878. *Ex supremo apostolatus apice*).

TROISIÈME PARTIE

—

L'Écosse est aujourd'hui divisée en six diocèses, deux archevêchés et quatre évêchés : l'archevêché d'Edimbourg et Saint-Andrew's a pour suffragants les évêchés de Galloway, Dunkeld, Aberdeen, et celui d'Argyle et des Iles ; l'archevêché de Glasgow n'a point de suffragants. Cette anomalie a eu pour cause le désir de restaurer en faveur de Glasgow l'ancienne dignité archiépiscopale dont il a joui jadis tout en laissant de fait à Saint-Andrew's la prééminence qu'il avait au temps de l'ancienne hiérarchie.

Le système des élections épiscopales n'est pas uniforme pour toute l'Ecosse. Dans les diocèses où il y a des chapitres, ce sont les chanoines qui présentent au pape trois candidats. Dans les diocèses dépourvus de chapitre les présentations sont faites par les évêques de l'archidiocèse où le diocèse se trouve. Le candidat qui a obtenu le plus grand nombre de voix a le titre de dignissimus, celui qui vient ensuite le titre de dignior, le troisième le titre de dignus. Le Saint-Siège n'est d'ailleurs pas absolument obligé de choisir l'évêque parmi les candidats à lui présentés.

L'opinion publique accueillit favorablement le rétablissement de la hiérarchie. Les protestants eurent en très grande majorité le bon sens de comprendre que cette réforme ne menaçait en rien l'indépendance de l'état et seuls les évêques de l'Eglise Épiscopale d'Ecosse qui compte tout juste 50.000 fidèles se crurent obligés de protester contre cette mesure de « l'évêque de Rome ».

Un certain nombre de couvents se sont établis en Ecosse. Le premier, celui des Ursulines, date de 1832. Le plus célèbre, l'abbaye bénédictine de Port Augustin a été fondé en 1882. Quelques congrégations françaises se sont récemment établies dans l'Ecosse qui rend ainsi aujourd'hui à nos concitoyens proscrits l'hospitalité que nous avons accordée jadis aux catholiques écossais exilés.

APPENDICES

—

L'ÉTAT PRÉSENT DES SECTES PROTESTANTES
EN ÉCOSSE

Il n'y a peut-être pas au monde, à l'exception
des Etats-Unis, de pays qui contienne un plus
grand nombre de sectes religieuses que l'Ecosse.
Le presbytérianisme, fondé par Knox et proclamé
en 1560 religion d'état, fut divisé en deux parties
dans un schisme violent dès la première moitié
du xviiie siècle.

Le schisme eut pour cause la question du pa-
tronage.

Les fidèles de la religion réformée s'étaient réservé le droit d'élir leurs propres pasteurs. La
royauté vit d'un mauvais œil cette liberté démocratique et tenta de substituer à l'organisation
primitive une hiérarchie épiscopale. L'épiscopalisme tour à tour vainqueur ou vaincu suivant le
plus ou moins grand pouvoir dont disposaient les

rois disparut comme église officielle en 1688, mais les seigneurs continuèrent à présenter au suffrage des conseils de paroisse les candidats au poste de ministre qui leur agréaient.

Une grande partie des presbytériens, jugeant l'exercice de ce privilège insupportable, essaya d'y mettre un terme mais elle n'y put réussir et sur les conseils du ministre Erskine fit sécession en 1733 et fonda l'Eglise Presbytérienne Unie en face de l'Eglise Presbytérienne Établie. La nouvelle prit pour règle de conduite une large liberté d'interprétation et une grande tolérance religieuse.

L'Eglise Établie persévera dans ses errements ce qui causa un nouveau schisme en 1843 et la formation d'une nouvelle église presbytérienne la Free Presbyterian Church, l'Eglise Libre qui comprend 15 % de la population.

L'Eglise Établie ne comprend pas aujourd'hui la moitié de la population et chaque jour le nombre de ses fidèles va diminuant, aussi est-il question aujourd'hui de la *désétablir*. Le sort de l'Eglise d'Irlande lui paraît réservé dans un prochain avenir.

L'Eglise Unie et l'Eglise Libre se sont réunies il y a six ans en une seule église qui s'appelle l'Eglise Presbytérienne Libre et Unie. Cette réunion avait pour cause l'impossibilité pour les deux églises séparées de subvenir aux frais de leur culte.

A l'heure même où nous écrivons ces lignes des négociations sont entamées entre l'Eglise Libre et Unie et l'Eglise Établie pour établir leur réunion dans une seule église.

Ce projet peut réussir mais il ne sauvera pas le protestantisme écossais. Pris entre les progrès du rationalisme et ceux du catholicisme, il s'effrite lentement et il est destiné à disparaître à la longue.

Préfets Apostoliques d'Écosse

William Bannatyne (1653-1661). — Alexander Dunbar (1662-1668). — John Walken (1668-1671). — Alexander Dunbar (pour la deuxième fois) (1672-1694). — David Burnet, vice-préfet (1686-1695).

Vicaires Apostoliques

T.-J. Nicholson (1694-1718). — James Gordon, coad. (1706) ; vic. ap. (1718).

En 1727 l'Ecosse est divisée en deux vicariats.

Lowland District

James Gordon (1731-1746). — A. Smith (1746-1767). — J. Grant (1766-1778). — George Hay (1778-1805). — A. Cameron (1806 1825). — A. Paterson (1825-1827).

Highland District

H. Mac Donald (1731-1773). — J. Mac Donald (1773-1779). A. Mac Donald (1780-1791). — J. Chisholm (1792-1814). — E. Chisholm (1814-1818). — R. Mac Donald (1818-1827).

En 1827 L'Ecosse est divisée en trois districts.

District Oriental

A. Paterson (1827-1831). — A. Carruthers (1833-1852). — J. Gillis (1852-1864). — J. Strain (1864-1878).

District Occidental

R. Mac Donald (1827-1832). — A. Scott (1832-1846). — J. Murdoch (1846-1865). — J. Gray (1865-1869). — C. Eyre (1869-1878).

District Septentrional

J.-L. Kyle (1827-1869). — J. Mac Donald (1869 1878).

Statistique des Catholiques en 1875, 78, 1902

Avant le rétablissement de la hiérarchie, le district occidental comprenait environ 220.000 catholiques :

Le district oriental	70.000
Le district septentrionnal . . .	12.000

ce qui représentait au total $^1/_{11}$ de la population de l'Ecosse.

	1878	1902
Archidiocèse de St-Andrew's	42.000	
— de Glasgow	222.000	
Diosèse d'Aberdeen	12.500	
— Dunkeld	27.500	
— Galloway	16.700	
— Argyle	10.400	
	331.100	365.000

La population catholique resté toüjours dans la même proportion comparée à la population totale.

TABLE DES MATIÈRES

—

SAINT AMAND (CHER). — IMPRIMERIE BUSSIÈRE